Si tu allais quelque part

Paul Chanel Malenfant

Eaux-fortes de Lisa Tognon

la courte échelle

Les éditions de la courte échelle inc.

Les éditions de la courte échelle inc.
5243, boul. Saint-Laurent
Montréal (Québec) H2T 1S4

Directrice de collection:
Sylvie Massicotte

Direction artistique:
Daniel Sylvestre

Conception graphique:
Elastik

Mise en pages:
Mardigrafe inc.

Révision:
Lise Duquette

Dépôt légal, 2ᵉ trimestre 2003
Bibliothèque nationale du Québec

Les eaux-fortes qui accompagnent les poèmes
sont des détails tirés des œuvres de Lisa Tognon.

La courte échelle reconnaît l'aide financière du gouvernement du Canada
par l'entremise du Programme d'aide au développement de l'industrie de
l'édition pour ses activités d'édition. La courte échelle est aussi inscrite au
programme de subvention globale du Conseil des Arts du Canada et reçoit
l'appui du gouvernement du Québec par l'intermédiaire de la SODEC.

La courte échelle bénéficie également du Programme de crédit d'impôt
pour l'édition de livres — Gestion SODEC — du gouvernement du
Québec.

Données de catalogage avant publication (Canada)

Malenfant, Paul Chanel

   Si tu allais quelque part

   ISBN: 2-89021-622-5

   I. Tognon, Lisa. II. Titre.

PS8576.A533S5 2003   jC841'.54   C2003-940619-9
PS9576.A533S5 2003
PQ3919.2.M34S5 2003

Si tu allais quelque part

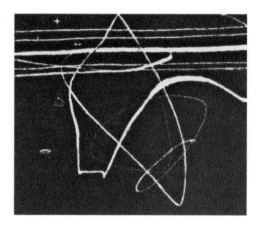

Pour Stéphanie, ma filleule,
et pour Cédric et Claudia
et Kevin et Félix.

*J'ai été un enfant, je ne le suis plus
et je n'en reviens pas.*

ALBERT COHEN, *Le livre de ma mère*

*L'âge! Je ne sais pas... C'est une question
surprenante et tu me la poses avec tant de
sérieux... Qu'est-ce que c'est l'âge?
Je ne sais pas...*

WAJDI MOUAWAD, *Visage retrouvé*

Tant de nuits à rêver aux fenêtres
qui donnent sur la mer.

Vers les étoiles filantes.

Tu oublies la guerre des soldats de plomb,
les feux de camp, la haute voltige
au-delà des nuages, des cerfs-volants.

Lanterne magique, la mémoire.

Le cœur vacille,
aveugle,
dans la poitrine.

Tu promets, funambule,
de tenir en équilibre
sur la ligne d'horizon.

Jusqu'au bout du monde.

Jusqu'à la fin des temps.

Ma grand-mère a murmuré :

Ton grand-père est vieux comme le chemin.

Seul dans sa chambre,
il lit le journal.

Je voudrais le bercer,
petit corps
recroquevillé dans la chaise de rotin.

Des choses brillent, mortes,
muettes,
sur la table de chevet.

Sa lime à ongles.
Sa loupe pour les mots croisés.

Je regarde ses mains qui tremblent,
frêles drapeaux défaits froissant la lumière.

Jadis.

Il y a si longtemps, déjà.

(S'il était si vieux mon grand-père,
aussi vieux que le chemin de ma grand-mère,
il devait avoir fait le tour du monde.)

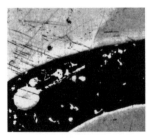

Ma mère a dit, pleurant :

Il est parti, il s'est éteint,
s'en est allé, à tout jamais.

Nuit des temps.
J'ai fermé les poings.

Un nœud dans la gorge.
Un souffle au cœur.
Du sang aux tempes.

Dans la tombe, son visage de cire.
Ses cheveux d'ange.

Jamais plus l'écureuil ne viendra
manger l'amande dans sa main.

J'ai relevé la tête et redressé les épaules.

Un grand vent dans ma poitrine.

J'ai fait un homme de moi.

Silencieux, des anges passent
aux fenêtres de Sainte-Luce-sur-Mer.

Les mots brillent à découvert,
parmi les libellules et les oiseaux du paradis.

Le cœur saignant entre les côtes
comme une lampe de nuit.

Des billes de naphtaline dans le bol de noisettes.
Des grains de café dans les céréales.
Des lunettes sales dans le pot de cuillères.

Grand-mère n'a plus toute sa tête.
Des idées folles.
Des gestes étranges.

Grand-mère
serait tombée en enfance.

Dans son vieux pays.

Le corps est lourd sur la nuit du sang.
Le corps cherche le corps.

Couvre-feu.

L'âme est à vif.
À l'abandon parmi les désordres du jour.
Le globe terrestre fait le tour de l'horloge.

Aux boîtes à musique,
les airs d'opéra
                    s'écroulent
sur les affaires courantes de la terre.

La pensée erre au front de mer.

Où donc va l'avenir entre les vagues qui vacillent
et sans cesse reviennent à leur sillage
de vagues ?

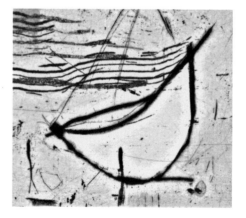

Ailleurs ?
En quelle langue ?
En quel pays ?

Des épouvantails et des tyrans.
Des oiseaux abolis et des eaux détournées
                              de leur cours.
Des coups d'état et des marches militaires.
Des corps flambés aux rails des métros.
Des cadavres d'enfants à la une des journaux.

Et la lourde tâche
d'éponger de ton ombre
tout le sang de la terre.

Les syllabes de *Québec* doucement
dans la bouche s'éteignent
comme des bougies.

Tu penses :

De nulle part.

Tu hésites
entre le cœur tatoué et la boucle d'oreille.

Tu ne regardes plus derrière toi
ni les châteaux de sable sur la plage
ni les barques dormantes.

La rumeur de la mer est éteinte
à la bouche des coquillages.

Jour de bête traquée,
de balles perdues.

Tu suffoques.

Devant la touffeur des arbres.
Devant l'épaisseur du paysage.

Corps et âme désaccordés.
Il fait chaud sous la peau.

Entre la musique militaire
et les mesures de guerre,
la planète est remplie de bruits.

Tu as lu :

J'ai plus de souvenirs que si j'avais mille ans.

Lettres d'amour et peine capitale.

Tu traçais des baisers
sur le givre de la vitre.

Tu as feuilleté l'album de photos.

Un seul corps vos deux corps sur la plage.

Éternité de l'été.

Suffit-il de l'eau qui coule sous les ponts ?

Vois la lueur rouge d'une orange
dans le panier d'osier.

En écho, l'air sur la corde de sol
— suite pour violoncelle seul
de Bach.

Et le sens de l'existence s'ouvre
comme une pure perte.

Comme un coup d'éclat
contre l'ordre du jour.

Il a éteint la dernière cigarette.

Le voyant rouge du baladeur clignote
sur le siège vide du passager.

Si près de sa douleur.

Des mains sur le volant.
La clef des songes dans le démarreur.

Toute la nuit, nausée de nuit,
défile derrière les verres fumés.
Chambre à gaz.

Son silence envahit la voiture du père.

Et dans le rétroviseur paraît son beau visage.

Du rouge bouge dans les arbres.

La terre a tremblé
prise de folie furieuse.

L'Amérique vole en éclats de verre.

Des corps hurlent dans les airs
avec des gestes lents d'oiseaux de proie
sur le point de mourir.

Parmi les décombres, le jour se lève
sur la désolation des hommes.

Devant l'écran en feu,
tu n'en crois pas tes yeux.

Un bout de phrase dans la mémoire.
Un refrain en suspens dans la tête.

Tu épelles les lueurs de détresse,
les impasses du cœur.

Tu avances, déjà, parmi les feuilles mortes.

Orphelin de toi-même.

Tu évites ton image qui se trouble,
venant à ta rencontre
dans le miroir du jour.

L'index à la tempe
quand tu fixes l'idée.

La main au-dessus des paupières
pour regarder au loin
la ligne d'horizon.

Le journal que tu tiens,
fenêtre froissée,
à hauteur de visage.

Semblables,
côte à côte,
vos ombres
rassemblent
vos solitudes.

Alors tu reconnais comment
en tous tes gestes d'homme
— et jusqu'au bleu des yeux —,
tu ressembles à cet homme.

Ton père.

Tu penses :

Je suis de ce temps.
Je suis de cette époque.

Entre la révolte et les fosses communes,
le silence des peuples est sans fin.

Tu dis :

Où donc est-il l'autre monde ?

Et tu marches vers la mer
interminable
comme si tu allais quelque part.

Sous le coup de l'émotion soudain
tu pleures.

Tu ne trouves plus les mots
pour nommer ta peine
et les choses de l'univers.

Tu fixes la photographie
muette à l'angle du miroir.

Tu écris cent fois sur la page
le même prénom ravi.

Doucement tu t'endors.

Toutes douleurs éteintes.
Échardes au cœur.

Tu rêves au pays des ombres.
Des corps désirables.

Le sang recommence le monde.

Sur tes joues coule
un torrent.

Pour rien.

Pour rien, justement.

Serments d'amour. Baisers volés.

Cœurs rouges tracés sur les falaises.
Scènes de cinéma.
Tourne le carrousel des images.

La bague ou la mèche de cheveux
jetées à la mer.

La porte de la chambre
                          entrouverte.

Le bruit de la chemise qu'on déchire.

Cri de soie.

Cœur à nu de novembre.
Soir de pluie.

Tu relèves sur la nuque
le col de l'imperméable.

Le mégot mouillé brille
à la commissure des lèvres.

Soudain si vague soudain
si vague ce mal de vivre
que tu ressens pour les amants
qui se quittent sur grand écran

et sous la lumière fade
du réverbère qui tremble
au bout d'un quai.

Tu penses souvent à la mort.

Au silence de la mort.

Comme à un pays de ruines.
D'oubli.

Un téléphone sonne dans une pièce vide.

Des ombres bleues défilent,
muettes,
sur l'écran du téléviseur.

Tu passes,
ombre de ton ombre
désabusée,

      là où brûle et se consume
      le plus clair du temps.

Ton pas si lourd dans les allées.
Ton geste las sur les choses de la terre.
Les nuages sont bas.

Tu n'en reviens pas du corps évanoui.

Du lobe de l'oreille.

De la petite veine bleue
frémissante au poignet.

Du coquillage clair
de la paupière.

Du triangle de peau
ouvert sur la chemise.

Un paysage, une avalanche d'oies blanches
sur une grève d'octobre.

La pluie lumineuse des étoiles
dans la nuit de juillet.

Un chuchotis de feuilles mortes
en la touffeur du sous-bois.

Le corps s'allège.
La tête s'envole au-delà des nuages.

Tu respires,
                    premier souffle.

L'âge n'est plus qu'un éclat d'éternité.

Être là.